**CÍRCULO
DE POEMAS**

A água veio do Sol, disse o breu

Marcelo Ariel

13 Metagenealogia
15 Sobre abril de 2021 com o pensamento em julho de 2040
18 *Dao De Jing*
20 A oitava asa de Michael Jackson
24 A educação celeste do gatopássaroárvore
27 João Vário conversa com Francisco Carlos
29 Primeira classe — vagas
33 *Bad seed*
35 A vitória de Heba Abu Nada
36 Nascer é um incêndio ao contrário
39 Photomaton de si mesmo daqui a mil anos
40 Photomaton Vicente Franz Cecim
42 PARAATICCA
45 Photomaton Davi Kopenawa
46 Photomaton Óssip Mandelstam
47 Meditação sobre a língua portuguesa escrita no futuro
51 Queimar
53 Max de Castro, "Stratosfera"

54 Björk, "Like Someone in Love"
55 A fera
57 O sagrado transparente
58 Lágrimas marciais — rios
59 Cruz (da dissolução)
60 Se
61 Blues para ele mesmo
63 Dessonho
64 Samba para Rimbaud
66 Ricardo Aleixo
67 Claudio Ulpiano fumando um cigarro no meio do oceano
68 Conversa com Emily Dickinson
69 Antiprece

É ISTO UM EU?

73 10 aforismos para Franco Bifo Berardi acrescidos de dois comentários em verso
75 Um outro Sol
76 *Du scribe égyptien*
77 Como ser o negro ou a matéria escura II
80 Evandro Carlos Jardim
81 Carl Sagan visita o túmulo de Hölderlin
82 Desde que você a veja
84 Espinosa para crianças
86 Poema duplo com pássaro noturno
88 Poema duplo com poeta apontando uma arma para o sol
93 Um sonho
94 Porque o corpo
95 Os começos

97   Após ouvir uma fala de Ailton Krenak
     sobre a pandemia
103 , você
104 Miopia & enigma
106 Sobre o teatro e a alma
108 Espinosa responde a Deus e ao sr. Cogito
     dentro de um poema de Zbigniew Herbert
109 Que os pássaros cantem dentro do teu sonho
115 O sorriso de Jalāl ad-Din Rūmī
124 Os sistemas
127 Cosmograma 8
130 Victor Heringer conversa com Ana C.
132 Os cinco fantasmas da Paulista
136 O ato e a voz
138 O tremor essencial da matéria escura
141 No fundo do mar
142 Como Ísis
145 O último pensamento de Virginia Woolf

146 ÍNDICE EM ORDEM ALFABÉTICA DOS TÍTULOS
     DOS POEMAS

*Para meu pai José Jacinto dos Santos (in memoriam)
para meu irmão José Aparecido dos Santos (in memoriam)
para meu amigo Paulo Luis de Souza (in memoriam)
e para todas as pessoas assassinadas*

Quem deseja passar bem por portas abertas deve prestar atenção ao fato de elas terem molduras firmes: esse princípio, segundo o qual o velho professor sempre vivera, é simplesmente uma exigência do senso de realidade. Mas se existe senso de realidade, e ninguém duvida que ele tenha justificada existência, tem de haver também algo que se pode chamar senso de possibilidade.

Robert Musil

A Árvore renasce.
[...]
O riso da Árvore deve criar folhagem
sob a luz
e os pássaros devem voltar.

Fadwa Tuqan

Gostava de ficar horas à beira do rio, ouvindo o coaxar dos sapos e vendo a luz, a claridade, os reflexos do sol na água. Tentava compreender aquilo tudo. Consegui sentir, compreender não compreendi: mas aquilo ficou em mim e ainda hoje carrego comigo um bocado de todo aquele alumbramento.

João Gilberto

A pessoalidade não é parte e nem pode ser uma parte com relação a qualquer tipo de todo, nem mesmo de um todo imenso ou do mundo inteiro. Este é um princípio essencial da pessoalidade e seu mistério. Na medida em que o homem entra enquanto parte para dentro de qualquer tipo natural e social, não é enquanto pessoalidade que o faz, e sua pessoalidade é deixada de fora dessa subordinação da parte à totalidade. A pessoalidade entra no infinito, e admite que o infinito entre em si; em sua autorrevelação ela é dirigida em direção a um conteúdo infinito.
                                        Nikolai Berdiaev

Aí eu fui até a montanha e a derrubei com a palma da minha mão
                                        Jimi Hendrix

Nasceu de uma água-viva, pelo que me disseram
                                        Kendrick Lamar

Metagenealogia

Pegue um caracol com as mãos e deposite na água
essa é a verdadeira comunicação

repetida por nuvens fumando nuvens

assim nascemos incessantemente

o ovo de uma aranha molhada atravessa uma fogueira e grita
várias respirando seu próprio corpo invisível e outros

sonhos
  dentro do jamais

saindo

por falsas linhas de fuga turísticas tanto na natureza
    [quanto nas perigosas regiões do nomadismo psíquico
Depois caminhamos em falsos círculos como a Lua
sem aura, sem halo, feita apenas de "sonhos consigo mesma"

atuando no espaço-duração

O poema persiste através do contranatural como o riso dos
                                                [mortos,

chamando rente ao vão da microluz

E este "sonho acordado" acessível através da janela de
                              [ônibus dos seus olhos

exige uma grande generosidade e igual tristeza pulverizada
por isso a migração das nuvens para o lago invertido dos
                                                            [olhos
conversa com o pensamento dos órgãos
e chega até o inconsciente que é parte das florestas e não
                                          [apenas deste corpo

Por isso a energia do poema é ambígua, se movendo
em uma espiral ambivalente

buscando de novo o mundo

E outras imagens que estão tentando fecundar com o tempo:
                                [a ultravida a ser transfigurada

depois desse olhar.

Sobre abril de 2021 com o pensamento em julho de 2040

1.

O senso comum
ensaia
sua continuidade
sem nenhum interesse
na respiração
da realidade

condenando
a linguagem
a ser
o triste
acessório
desse rito
precário

com suas ficções
perversas
simulando
o necessário

em oposição
à luz
dos poetas
contrabandeada
com um sorriso
escondido

nos ossos das mãos
em hora incerta
multiversa

O senso comum
também sorri
para a morte
por fome e sede
de milhões
provando
que no coração
do comum
jamais houve
senso:
eis o segredo

2.

Imaginar Sísifo
feliz
com a décima terceira dose
da vacina
ao lado
da disseminação
do salto de Ana Cristina
contra a
sublimação
da areia nos olhos
e a insistência da névoa mental

pulmões colados ao cérebro
saindo da UTI,
o deus do chroma-key
dos filmes migrando
para as lives
a anos-luz do sublime ou

a fagulha dos recém-nascidos
presa no engarrafamento
da cachoeira de luz
invisível
subindo para dentro
da terra
como o céu caindo
na Serra.

Dao De Jing

A partir de uma conversa com Chiu Yi Chih

O Dao é desnomeador
e o desnomeador é constante
o nome que não pode ser dito
é a coisa
e a coisa que equivale ao Dao
é um gesto da luz

Ao separarmos existência
e vazio
não estamos mais
grávidos do Céu e da Terra

Ao desejarmos o vazio
ainda que fora dele
nos tornamos cintilações

Ao desejarmos a existência
sem nenhum atributo
senão o acontecer
autônomo das coisas
nos tornamos
vestígios

os nomes todos
são sombras e luzes
nós fora de nossos nomes
sem origem discernível

podemos ser
festejados pela *coisa em si* que ri
destes sons e sonos
como uma porta
aberta pelo vento
para um jardim
em frente a uma floresta
revela o que somos

A oitava asa de Michael Jackson

A asa é bem nítida no meu sonho, ela é preta com linhas douradas

O Sol sorria
quando ele chegou no morro Dona Marta
Diante de um acaso preparado para nomear realidades pré-
 [-gravadas, seu sorriso se dissolveu
no enxame que o seguia
sem precisar ser ou estar realmente ali
Ele era a própria coisa dissolvida
parecendo não possuir movimento ou alegria, apenas vontade
 [e intuição
anoto duas palavras mentalmente
priocepção e analepse

Ouço uma voz que parece ser a de John Coltrane saindo de
 [dentro da asa
e ela sussurra:

Ouçam irmãos e irmãs
o Sol é o projetor
os planetas e tudo o mais
são o filme do som
orvalho adentro
através dos raios
de tudo o que é vivo
o tempo deseja morrer
e assim reluz neste preto
o brilho do fósforo aceso

na água de teus olhos dorme
o êxtase da respiração
do Sol
do orvalho
da Lua
do efêmero infinito
em seu exílio migratório
da luz
em vossa casa
de grão
cristal
pólen
sangue
lágrima
e sal

Em outra visão
lá está ele encostado na parede
do estúdio onde Stevie Wonder
grava o riso das plantas

Agora ele corre no meio das vielas, bem na frente de Spike Lee
Ele não consegue fugir dos paparazzi que chegaram antes
                                              [de tudo
Há um no telhado de um barraco,
com um branco apontando sua AR15 para o azul do céu
all ficam as biqueiras, alguém me diz
ele achou a palavra engraçada
b'qu'eras

Há alguma coisa no ar do Brasil
que ofusca a tristeza da guerra
Spike diz

Ele tirou a luva para apertar as mãos de um dos músicos
                                        [do Olodum
Uma menina lhe presenteia com o disco de Gilberto Gil

A música não é a resposta para coisa alguma nem
está no lugar de algo. Ela é ela mesma e não existe senão
através dela. Em um processo que está sempre se
                                        [transformando
e ao fazer dessa transformação um processo também
                             [físico, estou tentando
ser fiel a ela?

A asa estava pensando em uma suspensão do tempo
e em um exílio, também.

A oitava asa de Michael Jackson jamais se abriu
                                   [completamente
em outro tempo em que ele está morto
ela se converteu em uma estátua segurando um fuzil.

Agora ele abraça uma menina preta
no meio da multidão e sussurra no ouvido dela
um *I love you*
que faz as asas
se moverem como uma porta
entreaberta
Você diz isso
para todo mundo
diz Diana Ross
que está com ele
em uma varanda
e o vento faz uma dança

com os cabelos dela
repetida por essa palmeira
no meio da favela.

Andar na Lua
foi um comentário irônico
sobre a condição Black
e a *new plantation* mental
da estrutura imóvel
da segregação
Eu falo com o corpo
através da música
É uma autonomia
que não pode prescindir
de uma ética de fuga
Nunca se esqueça
os brancos jamais irão aceitar
o fato de sermos gênios
e você resgatou quase tudo
o que eles roubaram de nós
disse Miles Davis
por telefone
logo após o Grammy
Você vai ficar parado aí?
Stevie Wonder comenta
depois de tocar em seu rosto
Vou escrever uma canção sobre isso, penso
Uma canção sobre ficar encostado no muro
Por que você escolheu gravar na Bahia e não no Rio?
Spike pergunta
Por causa do disco de Coltrane e do Olodum
....
O Cristo Redentor me dá arrepios, me ouço dizer.

A educação celeste do gatopássaroárvore

> *Amar es verse como otro ser nos ve.*
> María Zambrano

I

Qual é o sentido?

O gatopássaroárvore e seu silêncio coreográfico
que o converte por algum tempo em um bonsaiestreladomar

E como nasce?

Antes do hibridismo
os gatos
tinham um minúsculo pássaro dentro da garganta
do tamanho de uma agulha
que só podia ser visto por outros pássaros
no instante em que alçavam voo
num relance relâmpago vislumbre
do infinito

Como vive?

O bonsai cresce em volta do pássaro
que vive precisamente
embaixo da língua dos gatos
e canta precariamente
quando os gatos desejam dizer algo,
os gatos sempre
dão de beber

ao pássaro
com a língua fazendo
o papel de uma colher
ou copo, num ritmo veloz
talvez o pássaro
seja a sede dos gatos,
observamos que os gatos
por causa do minúsculo
pássaro interior
dormem em forma
de concha ou ninho

"Tornar-se a tempestade"
sussurrou o gatopássaroárvore
em sonho, os gatospássarosárvores
tremem com os relâmpagos desse
sonho

Quando um gatopássaroárvore
morre o pássaro em seu interior
se transforma em luz feroz e transparente

Nossa única chance
é aprender com eles
a ser um jaguar-orquídea
feito com os corpos de um homem e de uma mulher

Algo melhor anterior ao pensamento?

Para isso os gatospássarosárvores
nos observam
o círculo se torna um triângulo porque

as nuvens
que também são animais
nos observam
como se nós fôssemos
outras nuvens

O sangue nos ensina isso
na língua do fundo da paisagem

Não há mais tempo?

O hibridismo começou
no fundo do mar
junto com a iluminação opaca
e a fome

O céu de terra
é o último animal

Diante do enorme felino
com cabeça de pássaro
a pequena aranha
de orvalho
se arma

João Vário conversa com Francisco Carlos

A questão é que a experiência serve menos à arte do que ao
                                [tempo histórico
Esse condomínio fundado sobre o chão de genocídios
O asfalto é o véu de Berkeley
da floresta na pele do Cosmo
O homem-jaguar é a mulher-lua
O Povo é o extermínio
dos mitos pelo esquecimento

A criação do antimundo pelo esquecimento dos massacres

Mas você tenta ao menos ressuscitar
com essa pajelança cênica
parecida com a do sr. Muller
como um DJ de mitos
uma dramaturgia Max Ernst
para a cura-Sinai
que Antonin Artaud buscava no México

não, o imanente na floresta
é o próprio desenho da linguagem
que uso como Godard usa a pintura
nos filmes

E eis que entram as nações-fantasma da alteridade da língua:

Aikaná.com Farnese de Andrade debaixo da ponte do
[Viaduto do Chá
Akun' tsu.com Hélio Oiticica construindo a cartografia
[geográfica do parangolé Hubble Amazon
Amanayé.com Blaise Cendrars e Isadora Duncan sambando
[no Carnaval da Cracolândia
Apinayé.com com Eduardo Viveiros de Castro na chuva de
[peixes voadores do Maracanã
Araweté.com o esqueleto de Steve Jobs transfigurado em
[200 000 formigas gigantes entrando no mar radioativo da
[Amazônia
Atkim Uma.com e Gavião-Rorokateyê.com dando curto nas
[caixas quânticas

Luz no Nome de todas as tribos queimando no Memorial da
[América Latina
Incenso ôntico
para a transfiguração da cidade em cena
bem antes do Devir-melancolia do sr. Von Trier
Ela é essa limusine parada no meio da floresta de carbono PRT

E o resplandecente foda-se que Jaider Esbell tatuou com
[neblina preta e vermelha na pele do Mercado?

Foi mais que um foda-se, houve ali um átomo do triunfo da
[Contra-história

Foi o primeiro fruto da árvore da extinção

Primeira classe — vagas

era uma longa caminhada até a borda
a vontade de chance, os abismos
as bolhas e cortes nos pés ardiam
como galhos afundando
ela sabia que nunca iriam voltar
no medo do pensamento do oceano
o blood money no black market
a água do olhar da árvore
só tinha a garantia da partida

os muros se estendiam num traço
infinitesimal
entre desertos e os avessos de sal
a respiração de deuses extintos
o que senão um crescente desespero
a alga cobrindo o automóvel
seria razão pra abandonar o passado

a travessia vagava e prometia
a ressurreição da imaginação
para quem saísse vivo dela
criando uma porta aberta
outro sabor além da poeira
dentro do orvalho
outros cheiros que não o gás
das imagens
outros sons, não mais sirenes, bombas e gritos
como peixes
olhava perplexa para aqueles corpos

soterrados no ar
lembrando outros mortos pelo caminho
duplicado pela névoa
dissimulou a fé pela vida em jogo
pela feroz suavidade de raios
queimando segredos na fronteira
redesenhada pelo sangue
dividiu a fome com a cigana do Kosovo
estelar, cosmogônica
e sentiu a mesma sede dos lábios somalis
oceânicos
a esperança era um bote sem salva-vidas
de sal
consumindo o mesmo combustível inflamável
de nuvem
de ganância, fanatismo e xenofobia
estridentes
quando o malinês desmaiou de fome
como o silêncio movido pelo vento
o jogaram para fora do barco
como este peixe enorme
para fora de si e do mundo
se debatendo
ela se beliscou para não dormir
desesperadamente
lembrou do traficante de pessoas
evocando a raiva da vaga
que cuspiu no último a subir
cada vez mais alta
como uma espécie de despedida
chamando
a lua que alterava as marés

a amizade
não minguava os perigos que via
inominável
uma tormenta de ondas fortes
da flor

verteu o bote lentamente
indestrutível
a criança sozinha no convés
de cristal
não sabia onde se segurar
solar
e junto com outras centenas
congelado
se debateu até o limite

ninguém ouviu a canção de ninar
dentro de uma baleia
do menino deitado na areia
invisível como sonhos
o mar agora estava calmo
após o despertar
não é doce morrer no mar

estas
cosmomortes:

"*A nudez é nosso único gesto elegante diante da gratuidade*
                                    [*da beleza do mundo*
Diante da nudez não há um PARA
há apenas um O QUÊ"

névoas de corpos
cobriram cidades
carcaças de humanos e animais
descendo o morro

Bad seed

de todas as coisas

é isso?
a coisa
um vazio
aberto
no corpo
sem móveis
cometa
inerte
imaterial
sem mundo
se não lembro
na árvore absoluta
de qual raiz
nasceu
a semente do
eu?
Eu quem?
euvocê
A antimatéria?
Não há eu
nela
por isso
me incluo
na matéria escura
me amo
nela, onde
ainda

existo como
nanoeus
porque
estamos:
entre

Escrito com Ana Moravi

A vitória de Heba Abu Nada

Da árvore da insônia caem poemas
um para cada criança
O anjo Azrael
empresta
para cada uma
suas asas
para cada bomba que cai
elas tecem
um manto
com os fios
dos cabelos de Sansão

Vemos uma porta feita com
as chaves de suas casas
dela jorram sangue e mel
que evaporam
formando uma nuvem
maior do que Israel

A nuvem desce
como o carro de Ezequiel
cai sobre reis e exércitos
a sombra de Azrael
Ergue a espada o Arcanjo Gabriel
Jerusalém sobe
e vitoriosa
desce a
Palestina
dos céus

Nascer é um incêndio ao contrário

Não há rosto possível para mim
nada se oferece à deriva deste segredo
a possibilidade de um gesto no escuro
estando a sós com o infinito
me escoro numa travessia de sede
e aprumo aquele gole d'água de que o poeta
falou, longínqua no percurso da palavra
que oferece senão a ganância da expressão
encontro nos olhares o exílio correspondente
àqueles que trazem o barro de sua terra perene
tão vívido quanto a nudez do agora
para os que já não se afiguram à paisagem
para os sem-território
para aqueles deitados no poente
que sabem a noite e o marca-passo
tornei a cortar meus cabelos
a encarar no espelho a ruptura diária
diáfanos dias, como a lágrima que
em sua salinidade e transparência
perscruta uma emancipação

não há desenho de onde estou
não há silhueta que me recorte
não há fora nem há dentro
não há viagem
me abrigo entre os sem-voz
os sem-esperança

os que continuam a vagar
cansados deste sonho lúcido
vívidos de outra ordem
entregues aos vestígios de uma vida
que escorre e lança seus peixes
numa entrega sem auras
porque também já não se encaixam
nos mecanismos de nenhum sonho.
Sem rosto, me despeço
do não lugar que rejeita a marca
dos meus passos, ouso pensar
a folha seca como um mapa
e o mundo inteiro
como filho da nuvem
e do orvalho

Povoada de abismos
lenta é minha queda até a aurora
porosa e etérea como a visão
em sonho já contaminada
pela memória do despertar
assim é minha hora
A árvore seca
e sem sombra me ilumina
como o cadáver da infância
esculpido no silêncio
do copo, no lado opaco do espelho
onde meu olhar encontra
não mais "a semelhança"
mas o eco de um segredo

misterioso e cúmplice
meu corpo segue, estranha fidelidade
ao jardim que será coberto pela vegetação da Serra
se levanta, come, bebe, sorri e erra
até que diante do clarão
se dissolve na chama,
do que jamais se encerra

Escrito com Roberta Tostes Daniel

Photomaton de si mesmo daqui a mil anos

O olhar da sombra é o efeito-Velázquez
Ela imita o eu:
A máscara imaterial em volta do objeto-vivo
como um galho na ponta da auréola
O Eu-Anemônada
Esperando o Virgílio das coisas
por ele a noite enrugada
tira os óculos
para a infinita transparência
da ausência como um Método Eidético
Esse olhar inaugura o agógico para o véu de Berkeley
Canta o grão no vidro de água
A madeira no olhar do ouro
A aurora efervescente da pérola de lodo,
O "Bateau Ivre" no sangue chamando
a infância da névoa que escondia
o incêndio no bosque filológico.

Ele se abre
como a luz
para tocar as folhas
que agora contêm
a força dos raios
do Sol
e está sentado
em volta do trono
de orvalho.

Photomaton Vicente Franz Cecim

A voz principal sussurra:
escrever é
sempre através
e se agora em mim
viesse o vão
Sim, no espelho que nos cega
jamais veremos o Sol do sonho
brilhando fora,
além do voo sem asas da ave-Franz Kafka
que já anunciava as transfigurações
que depois ouviremos no sino de Andrei Rublev
Como te sentes diante de tuas partes invisíveis?
Depois de atravessar a água da obscuridade
a flor do silêncio começa a ofuscar o ouro do tempo
Esse ladrão de auroras capaz de imantar um cristal escuro
no permanente eclipse branco da memória
E o que somos além do instrumento da tua invisibilidade?
Um voo para essas asas que afundam no rio das imagens
Como o menino vicente franz cecim na ilha das cigarras
se lembrando dos pássaros que também já foram nuvens...

Cantando o lendário salmo dos fios
Enquanto segura nossas mãos
Na alma,
Por que só há uma para acordar tudo?

Para ir a uma festa triste que insiste em nos convidar
                        [para essa dança das falsas dualidades?
Por que essa beleza assustadora e estonteante do invisível
                        [e sua embriaguez de sonho?

Como a sensação de perseguir uma miragem onírica, a vida
Não se toca nela por dentro
Para isso usamos o fantasma do mundo da palavra
Esse que fala corrompendo a névoa do silêncio onde afunda
a casca lendo a casca
Vocês notaram o sumiço da flor azul?
O ladrão é o céu

PARAATICCA

Para os amigos Aticca, Funky e Kleber

Aticca:

Só o cão
este *alter*
da silenciosa
interioridade
mais impessoal
fará do espaço
extensão do corpo
como lição
da potência
do afeto
assim
se erguerá
em países
transparentes
o cão
com o segredo
do cheiro
das estrelas?
do nosso sangue?
do vento
do distante oceano?
Coisas que
se traduzem
como mistério
aos que não sabem

ser diante
da natureza
ninguém
quem além
do lobo
e da loba
que esperam
poderia
ensiná-los
a ser
através
do chamado
daquele que
de dentro vem
isto que
não pode ser contido
nem pela palavra
"Amado"
em seu coração
um cão
o tem.

Funky:

Ela está em uma dimensão paralela
que usa como trincheira os telhados,
falando uma língua que sabemos
mas não compreendemos
leões anões
com a memória da Selva
enterrada em algum lugar
perdido para sempre,

quando o primeiro
disser a coisa e isso for traduzido
na língua deles
uma ponte será erguida
e por ela passará
a vida

Photomaton Davi Kopenawa

É de grande utilidade perceber o entrelaçamento dos estados de sonho com o "on-line", as conversões onírico-topológicas do tempo em tempo imperceptível, é um dos efeitos da osmose com a máquina, A ÁRVORE POSSUI O EFEITO INVERSO, embora ela também nos conduza a um estado de entrelaçamento com um hibridismo do sonhar, isto qualquer pajé sabe, a diferença é que A ÁRVORE É UM ANJO REAL, sendo suas copas e raízes na verdade asas que se movem no céu quântico.

** Todos estão no ar e ninguém está na Terra e por isso o devir-indígena é o ato insurrecional por excelência, em suas dimensões nomádicas ele também está entrelaçado com o devir negro, embora muitos prefiram dizer o oposto por acreditarem que há um enraizamento ôntico de um lado e um desenraizamento ôntico de outro. Vejo tudo como devires complementares.

*** Uma planta que rompe com os limites territoriais do vaso de plástico e atravessando a borda estende suas raízes no ar tem muito a nos ensinar. Os lentos e quase invisíveis de tão nítidos movimentos arquitetônico-coreocosmográficos de uma planta e as flutuações do pólen equivalem a uma forma insurrecional de pensamento. A dança citada pelo daimon de Nietzsche no ALSO SPRACH ZARATHUSTRA acontece no nó da madeira.

**** Os humanos fracassaram em vinte e nove mil planetas e ainda têm uma chance neste, desde que deixem de ser fantasmagorizados pelas mercadorias e entrem em contato com as suas musas, daimons e xapiris.

Photomaton Óssip Mandelstam

Schubert sobre as águas, Mozart
nos pássaros
o assovio de Goethe pela estrada
Hamlet e seu andar
cauteloso
imaginando
A horda criando coragem
nela acreditando
O sussurro nascendo antes dos lábios
a folha caindo de nenhuma árvore
flutuando
a Graça de uma casa
que é erguida
antes que a ideia de construí-la seja esboçada.

Meditação sobre a língua portuguesa escrita no futuro

Para os sobreviventes da aldeia Tekoa Pyau

1.

Sim, ela é fascista
todos sabem
que o real é impossível com a linguagem,
ela não é *como o ar*
e seus anjos
que sobrevivem através da invisibilidade
como os moradores de calçada
obscuros e transparentes
como o vento:
a linguagem é um outro
tipo de demônio
e a verdade,
esta falsa ontologia
do silêncio,
não o inacessível
mas algo que já foi tão belo quanto...
o veludo-pétala de um bebê guarani
na luz dos olhos que sabem sem razão
e conhecem o halo
que mora no terror-tremor
que não se dissolve no tempo
carapaça que a língua não
cansa de tentar decifrar

como a luz da lanterna
do caçador

2.

no amarelo da neblina

iluminando

um carro encoberto por folhas, raízes e galhos

assim termina

a *Vida das palavras*

na insuficiência

do dizível
longe de suas terras
como esta índia sentada na calçada

como o cão-orquídea-onça

Eles
não ignoram a força destruidora
que dorme
na fragmentação desse abraço
na água
evocando o mito da completude

Nem a violência naturalizada
na violação dos pensamentos
dessa árvore sem códigos
de barra,
como nossos olhos
percorrendo o fogo velado
dos corpos assassinados

como nós
que não os vemos mais
enquanto nos dissolvemos
são como fotografias de galáxias
por dentro
do ventre
de outra língua
que falávamos
antes do desaparecimento

3.

Os mundos por dentro
tornavam difícil
que
dois corpos
por tudo
falsamente
 separados

Que sejam como um
por causa do destroçamento da flor
apartada do segredo
da infindável fome
dos ricos

Já não distinguem
a vida
em um dia,
sem conseguir
vencê-lo
como o vence
o cão

Queimar

ao nascer
é um grave crime contra
a vida
do não-ser
que cometemos

apesar do
irremediável encontro
com o não-tempo
quando o corpo
ao ser por todos
os *eus* abraçado
como o nó de água
do beijo que desarma
jamais toca
na paisagem
que esconde a Alma
apenas sussurrando
seu endereço
para algo
que nela permanece
incompleto
como uma árvore
que cresce só
até o tronco
e depois morre
incendiada:
assim se cumpre
o irremediável

e irreversível
roubo
que em profundo
sono
jamais percebemos.

Max de Castro, "Stratosfera"

Maiakóvski
sonhou antes
com a migração da voz,
produzindo
o efeito-Velázquez
ampliado até a compaixão
do ar,
servindo de escada
para a luz,
nem o jardineiro L.W.
poderia imaginar
que a voz do daimon
seria outra vez
dublada pelo sol.

Björk, "Like Someone in Love"

Eros sorrindo
naquele quadro de Magritte,
onde é dia e noite
simultaneamente,
os anos 30 e os 90
também são senhas,
mas Eros tem o poder
de despertar
o tempo infinito
para que amantes
através da suavidade
sejam também deidades.

A fera

> *É o ar e o ar é imenso.*
> Tristan Corbière

Sem raiz
além do mar
de ar
que na luz navega
cores, tempestades
onde nada
a arcádia
treva
sem nenhuma trégua

jamais cessa
de cultivar
revolta
onde a alma
humana erra
em amor nomear
sem que limite
aconteça

e é certo o naufragar
em imenso céu
e apenas pensar
nisto mata
a fera

que no lugar
da alma vive
que carregando
morta vida em si
seu fado
encerra pois
terá raízes
não no humano
mas na Terra.

Escrito com Felipe Stefani

O sagrado transparente

O sagrado respira dentro dos sonhos com seu corpo hierofânico, certamente é diluído quando codificado e esquadrinhado. É algo que inversamente deveria diluir a linguagem em um alfabeto de visões do estranho códice autônomo do mundo. Somos possivelmente seus vasos comunicantes. É uma floresta porosa de visões para o animal da chuva, por exemplo. OS CANTOS DE MALDOROR e certas passagens de UNE SAISON EN ENFER ajudam na migração das imagens do entressonho e por isso são sagrados. Mas isto se expande e contamina a mão que escreve e pode pensar por si mesma e assim iniciar a instauração desse corpo.

Os mortos não necessitam de silêncio, eles se dissolvem nele. Os mortos como vemos nos cantos do Purgatório de Dante: amam a música. O silêncio nos vivos pode ser uma das estratégicas antimáscaras do esquecimento. Pulsão ilusória de fuga interior escondida dentro do "sair para fazer compras" que não cancela a derrisão.

De névoa parece ser feito o corpo do anjo da história, nada deixa entrever daquilo que realmente está por trás dos fatos, a terra parece desejar a superação do humano e nisso ela concorda com as máquinas e os microrganismos, estamos lentamente nos aproximando da consciência das plantas e dos fantasmas? Talvez a própria névoa "pense" no fim da hierarquia dos fatos criada pelo humano, algo a ser superado por si mesmo, não percebemos que para a maioria o anjo da história se confunde com o anjo da morte?

Lágrimas marciais — rios

a chuva marcha
para dentro
em gotas dissonantes
por causa da imanência
cai como soldados
O Sol
em trincheiras
insistente
irregular
intermitente
borrando cartas e retratos
autônomo guiando este e outros rios
guardados onde o sangue
como estes raios
ainda é quente
nos mortos

Escrito com Ana Moravi

Cruz (da dissolução)

entre leituras escutas
e visadas
descubro o imperativo
tempo
da experiência
me sopram que ele se desenha como cruz
no ar
os braços
passado-presente-futuro
sustentação impossível
de eternidades-luz
na intersecção corpo-casa
calçada
ágora que sempre permanece
agora
contra o infinito
que nos escapa
quando em tempo algum
um peixe
de luz
se dissolve
na lágrima

Escrito com Ana Moravi

Se

Se todo *ser é* pluri- ou multimodal, ou seja, *existe* de
    [diversos modos: corpo, alma, fenômeno, coisa etc.
Então não somos
E aquela fala do Coronel Kurtz/Marlon Brando em
                            [*Apocalipse Now*?
Era o "Sweet Bird of Paradox" anunciando
sua própria tempestade interior
como o autodeclarado nazismo
de Ingmar Bergman e Heidegger
na juventude
o ser é costurado
por atos falhos e contradições
que não revelam nada.

Blues para ele mesmo

Que ele caia no abismo
do incondicionado
Que ele não seja Real
que só tu o sejas
Tu que infinitamente
és imantado
Onde tu estavas
quando cem mil negros foram trucidados?
Estavas no grito
da criança
enjaulada?
Na atenção das
cadeiras vazias
no Congresso?
Onde tu estavas
quando vinte mil mulheres
foram empaladas?
Estavas
no egoísmo dos plásticos
dentro do estômago da baleia?
Onde tu estavas
quando quinhentas
árvores foram queimadas?
Em nossa voz
derretendo
na casa vegetal da Alma?
No túrbido heredograma?
Na rutilância sombria
se vendo em nosso sangue?

Sim, sentimos o rio secando
dentro dele...
Em ti
o Anjo de Benjamin pede
um cigarro de luz
para o Saturno de Goya,
O que eles dizem
um ao outro?
É o nosso verdadeiro nome?
Queimando as camadas de névoa que se adensam
em volta da ficção-vida,
mas as fontes estão em outro lugar

Dessonho

Bach está sentado na cama ouvindo o vento, a luz atravessa a árvore e todas as possibilidades tentam um símile do Real como no poema sobre Dante de Hans Magnus Enzensberger onde o céu é ao mesmo tempo Dante e a árvore transformada em luz saindo dos dedos do negro dormindo em pé no presídio, árvore transparente e imaterial preenchendo sua mente até que ele desperte em outro não-lugar atemporal sem nome lendo as nuvens.

Samba para Rimbaud

1.

Aurora
os palácios
derrubados
pela água morta.
A flor que disse seu nome.

Deusa de prata.
Coração de ouro.

Então levantei os céus,
eu a caçava
e a envolvi com seus véus

2.

Não tem nome?
Perguntaram todos
Essa cala-se
enquanto a noite passa

Quando eu era criança
a noite e o dia
eram duas coisas distintas
hoje parecem ser uma coisa só

3.

Ou o tempo ou a vida
Sem triunfo

resplandecem
no silêncio

Ricardo Aleixo

É um quilombo móvel
é a nítida sensação de estarmos ao lado de um Exu
um feixe de forças que emanavam-emanam
de seu corpovozcorpo
sambsaudando sempre as coisas do alto
que caminham ao seu/nosso lado
cantofalado que anuncia firme
a ressurreição como símbolo infinito
de todo preto/preta/prete assassinado
Abençoado pela mirada do céu
azul na verdade negro
que nos vê em seu quintal perene
em Campo Alegre
visitado por pássaros
e pela presença sentida geral
da divina aura ancestral
É a música transgressifísica
É a alegre potência que atravessa e ultrapassa o sistema
literário que o vê com o assombro-estranheza de quem
vê Yauaretê bebendo água no rio e depois serenamente
entrando na mata.

Claudio Ulpiano fumando um cigarro no meio do oceano

Bem mais do que trilhar o caminho
do não-lugar até a névoa das espumas
mostrou em suas falas públicas
uma corajosa e comovente fragilidade
que é também uma defesa da desvinculação
com a metafísica do negativo
e da cínica e triste recusa do mundo
que no fundo estão a serviço da manutenção
de certas blindagens narcísico-aristocráticas
incentivadas pela maioria dos sistemas
Enquanto fuma um cigarro e pensa
atravessa o fosso do castelo de vidro
e se coloca do lado de fora
que é o lado de dentro do outro lado
como cantou Jim Morrison
Se a vida é
tão difícil de ser vivida
com dignidade
que se configura hoje
como um campo repleto de difíceis poéticas
ativas e quase invisíveis
isso também exige o rigoroso treinamento
para a escuta, espreita e negociação com o ex-mundo
e com o fulgor que explode
quieto ao seu lado.

Conversa com Emily Dickinson

Melhor não esquecer
a presença herbária
que foi nela
uma alegria rara.

Assim saberemos
que o riso da folha para o orvalho
diluindo o medo
jamais foi
um segredo.

Antiprece

dissipa a névoa porque nenhuma palavra consegue entrar,
você foi um peixe nadando dentro de um pássaro, dos pássaros,
o paraíso que esteve nos olhos de quem o viu
, floresta em volta do teatro,
anjo do lençol freático
procurando o curso dos silêncios
cancelando a necessidade de haver pessoas
em troca da imanência de todas as árvores que andam
, agora vai começar **o deus**
na fotossíntese do caracol
a fotossíntese no lugar do orgasmo
ou seja a morte

É ISTO UM EU?

10 aforismos para Franco Bifo Berardi acrescidos de dois comentários em verso

A sensibilidade existe para que possamos compreender
    [a ambiguidade do véu, onde os estados se misturam
        [formando o tempo não-cronológico.

Com ele
pode a lucidez
de nossa alma interna
engendrar a lucidez
que não é
igual ao nada

Como entre os Icamiabas, o passado está diante de nós, no
    [lugar do futuro e o futuro atrás de nós, onde anterioridade
        [é interioridade.

Um grau zero
da linguagem
escrito
pelo corpo
de sonho: este
Onde

Nos movemos e tudo para, ficamos parados e tudo se move.
    [Na compreensão da ambiguidade: transcendemos as
        [dualidades.

Existe autêntica força na doçura e vitória na rebelião
[através da poesia, práticas poéticas imantam práticas
[políticas, se a multidão desperta.

O corpo corre devagar na direção de inúmeras autonomias
[inomináveis, assim irradia um *logos* que é *eros* e não pode
[ser capturado pelos símbolos do poder porque converte
[energia em tempo.

A multiplicidade e riqueza ontológica da feminilidade
[que está em nós é indomável.

As éticas da amizade irão superar as leis do mercado.

Se você não tem tempo, não tem mundo.

O conhecimento do outro se dá em um campo conjuntivo
[imanente e híbrido onde as projeções falham e os símbolos
[são infinitos.

Respirar e ver são erotismos profundos, ninguém respira
[junto, todos respiram unidos em suas ambíguas e
[sensíveis singularidades poético-erótico-musicais.

Um outro Sol

Segue
com o voo da gaivota
dentro do olhar
segue as ondas
que jamais tocaram o cais

Segue esse pássaro
que voava dentro da mente
vai por outro horizonte
de um outro mar
com ondas secretas
douradas, prateadas

onde se ergue
um Sol transparente
feito de orvalho e lágrimas
que somente
raros e justos
amorosos e delicados
verão

Do tempo
sorvido
como um vinho
com intensidade
dentro de outro
nada sabemos

sobre o mistério-sonho
de sua duração

Du scribe égyptien

escrevendo sempre e sempre uma carta sem fim para o amado-amada que rege a orquestra do ar, o encanto da vida é a impossibilidade de uma descrição-definição, a imprecisão do antes e do depois alojada em nossa memória "do futuro" _____ Estamos em algum lugar fora do tempo onde as multidões lutam com "o lado de fora do nome" para negar o eu que é um outro e também o eu que não é um outro, ela toma partido "da sonolência das imagens" _____ Ele pretende "desertar do próprio rosto outra vez" para que o nome se torne o nada que é e seque na chuva "de alteridades" _____ o mundo observável se dissolve no mundo vivível sem a nitidez que o tornaria legível _____ de acordo, mas, fiquemos neste mundo, sendo outros,

Como ser o negro ou a matéria escura II

Para Ronald Augusto

Um triunfo que existe
ATRAVÉS DE SEU CONTRÁRIO
Cada preto-preta é um quilombo que se move
no devir-terrano sem-terra
uma classe muda de calçada
e chama a polícia
para o catador
que não fez nada
culpado até que se prove
a certeza de um mundo contrário
ao mundo

Foram os três
em flagrante
o olhar de Machado, as mãos de Lima
pregadas na cruz com Carolina
um cemitério clandestino
plantado no mar
entre o Brasil
e a África
na esquina
vai continuar
no apagamento do Canindé
e Eldorado dos Carajás

nós somos suas sementes
cravadas no corpo desse negro-negra sem dentes

caído na calçada
dormindo embaixo de um cobertor sujo
imantado-imantada pelo
fluxo da Cracolândia
onde se o branco vai
pretifica
ali e no Jazz
o Azul que vemos
em falso no céu
que em verdade vos digo
É UM CORPO
NEGRO
ESTELAR DO ESPAÇO
a quizumba
infinita
e serve para acordar

Aí
o preto deitado na calçada se levanta
MULTICOSMIPLICADO
e quebra a corrente com o laço colonial
pelo nirvana
CONTEMPORÂNEO ANCESTRAL

CONVERGÊNCIAS
DE INSURGÊNCIAS
Essa é a fita

E ao se afastar
por dentro
da miragem projetada

na BIOS (des)controlada
chamada identidade
um ponto estelar
se abre
e uma floresta renasce
nas raízes
da invisibilidade

Evandro Carlos Jardim

A razão de ser da linha
está em cada um de nós

A linha não existe
sem uma direção

seu destino
é sempre o objeto

o objeto é sua razão

A linha não nos engana
como a harmonia que
discernível na forma
se esconde
na construção

do desenho
que somos
existindo com
o mundo
como a eternidade
existe em um segundo.

Carl Sagan visita o túmulo de Hölderlin

Os deuses são alegorias do humano
Os humanos caricaturas impotentes dos deuses

Haverá em outro século a consciência que nos livrará
              [deste senso comum sem espaço comum
das grandes cidades, dos deuses, do Deus

E se as ideias que criamos do amor
se revelarem insuficientes para amar a existência?

Amantes tentarão em vão fugir do tempo
em que estão para dissolver os sonhos
no desejo invencível de uma realidade

onde será nítida a proximidade
entre o movimento da espuma e o das explosões solares

entre as estrelas cadentes e os olhos fechados
durante o beijo

Desde que você a veja

As crianças não foram iluminadas o suficiente
há um momento em que a possessão por si mesmas
                                      [impediu isso

Estamos mais próximos dos cães
que dos leões

Os loucos são
faróis acesos no fundo
de abismos oceânicos

As crianças podem nos ensinar como

Anjos se fossem visíveis
iriam nos aterrorizar
por anos

Crianças e loucos
saem da mente
inicial para outra
entre a água e o animal
para que Santos e Santas encontrem
um sentido para a noção de eu
escoar falsamente
pelo ralo da não-mente

As crianças que um dia foram apenas vontade
se comunicando diretamente com o ato e depois gestos
                                  [desvinculados da vontade

caindo através dos fatos
que dizem sem palavras
tudo o que existe depois da palavra você
é você

quem diria que
no sorriso louco das crianças
o animal e o anjo

ainda
desamparadamente humanos
nos olhassem tão de frente
de abismos tão rasos

Este poema já acabou três vezes
disse a infância para si mesma

e permanece
desde que você a veja

Espinosa para crianças

Não sei dizer onde termina
o meu corpo
e começa a água

disse a água-viva
para a estrela-do-mar

e eu não sei dizer
como estou parada e em movimento

disse a estrela-do-mar
para o coral

nós somos a água
disse a água
para a estrela cadente

que havia caído
no mar

Quando eu era
o céu
negro
antes
de ser
o céu
azul
antes
de ser

este céu
transparente
eu
era
você

Poema duplo com pássaro noturno

O que é um Romance?

Um romance é aquilo que o autor quiser que seja. O Herberto Helder tem razão quando diz que está tudo misturado: não se sabe quando é que a poesia não dá origem a um romance, quando é que um ensaio não é um romance, quando é que no interior de um ensaio não aparece um poema... Não vejo por que é que essas coisas hão de ser catalogadas. Há páginas de grandes romances que são grandes páginas de poesia. Bom, mas isto é mais um pressentimento que uma certeza, que o início de uma teoria... É uma interrogação. O meu problema é que sempre li mais prosa que poesia. Na verdade, a poesia aborrece-me mais. Não é bem isso... é no sentido de que ocupa um espaço muito menor nas minhas leituras. A poesia é assim: abro um livro, leio este poema, leio aquele, depois arrumo, um dia volto...
Al Berto em entrevista à revista *Ler*, n. 5, 1989

destino-te a tarefa de me sepultares
impossível guardar-te, mesmo nos mares
em ti cresce o antisselo

no segredo mineral da noite
o dia era teu açoite

com um lápis e uma máquina fotográfica
riscar a pedra-cinzel da morte

depois
fica atento ao correio
onde se ouve cantar um espelho

do secular laboratório nocturno enviar-te-ei
devidamente autografado
o retrato da solidão que te pertenceu
como o relâmpago

e numa encomenda à parte receberás
a revelação desta arte
que do amor roubou a melhor parte

onde a vida cinzelou o precário corpo
na luz afiada de um vestígio de tinta
e inesperadamente o anjo esquecido de Klee
canta "She Lost Control"
para ti

Com Al Berto

Poema duplo com poeta apontando uma arma para o sol

"Uma ideia vem, o chamado germe. Pode ser inspirado por uma visão, um evento, um incidente, um poema, um romance, uma canção, um hino, um hino maravilhoso, uma teoria, uma notícia, uma mensagem de texto, um perfume, uma curva, a chuva, nuvens, o pó, a terra, o som de um carro apressado ou apenas um sentimento, uma abstração, páthos, uma energia. A luta inicial seria criar uma articulação; como articular a partir do meio. Então, tento seguir um enredo, criar um esboço. Eu crio e acompanho personagens. Julgamento zero, eles devem ser puros, primitivos, elementais. Eu visualizo uma dinâmica contínua. Assisto ao filme na minha cabeça, destranco o caleidoscópio, faço malabarismos, crio detalhes para criar alguma verossimilhança, imponho um padrão, ou trato de estabelecer algumas dialéticas para criar o sentido de uma corrente que possa ser seguida e transferida. Como um sonho. Há tópicos tocando na minha cabeça e eu os sigo, eu brinco com eles, eu luto com eles, todos os dias, no meu sono, nas minhas horas de vigília, quando faço amor, quando me masturbo, quando estou fodido, pensando em me matar. Geralmente carrego uma caneta e um caderno. Uma boa ideia vem, eu tomo nota, escrevo. Na ausência de uma caneta e de um caderno, eu fico repetindo até que o reino venha, a ideia ou a imagem e o imaginado em minha cabeça como um mantra, como um refrão de uma canção sufocante. Eu escrevo meus sonhos, o que eu consigo lembrar. É difícil lembrar de sonhos, eles escapam, eles explodem. Mas se você as escreve logo depois de acordar, as imagens são supremas, sublimes, transcendentes; é poesia

em estado bruto. O maior cineasta que existe é o ser dentro de nós, o que sonha, aquele que vive dentro de um sonho, o invisível, aquele que não dá a mínima. Nosso ser físico, essa coisa aberta e corporal é tão fodidamente consciente. Eu desejo que eu só possa existir nesse ser interior. Estou no meio de um sonho agora. Estou em uma zona híbrida. Estou tentando terminar um filme. Eu não sei se posso realmente terminar. O cinema não é feito de nenhuma certeza matemática para mim. Ainda estou tentando encontrar suas origens. Isso torna o cinema infinito. A vida é misteriosa, mas é bastante precisa, pois a morte é uma certeza absoluta. Mas o cinema é o grande continuum; é imortal; pode recriar a vida; imortaliza o ser; não há morte. Eu estou falando sobre o cinema maior, um cinema que não é metódico, um cinema que é gratuito. Eu estou falando sobre o ser interior. Sou solidário com o cinema maior; eu me esforço para estar no domínio do ser interior, o cineasta invisível, o cineasta que não sabe nada. Cara, isto faz algum sentido?"

"Apoiando-se tão repentinamente quanto derrama
Partindo tão de repente quanto chega
Ar rançoso que brota da promessa da manhã
Dispersado antes do meio-dia por inveja
Nos anjos da terra e do céu e do purgatório e do diabo
Você percorria o rio de triângulos de longo alcance
                    [incapaz de completar-se
Em uma consciência tornada inquieta por torrentes e
            [ondas e sempre mudando em curvas

Você é uma cena de Sisa no deserto e a filosofia de fiação de
[Tasyo em um universo
Para mentes de cinco centavos legadas e derramadas por eras
[antigas e novas
Você era um tolo quando chegaram à Lua
Você era criança quando uma montanha cresceu dentro do
[lago da cidade
Diariamente você vê terra e céu, céu e inferno
Nenhum canto deixado no mundo, nenhum refúgio para todos
Cem mil ecos vão afundar e subir
Eis o sangue na janela de uma mulher desaparecida
Pescando a estrela na copa de uma árvore
Você era um vira-lata quando a capela caiu
Você era uma criança quando os assassinatos proliferaram
Uma misteriosa canção persiste na memória
Um rosto do passado sendo vislumbrado
Uma vez um lugar lamacento se transformou em uma rua
A montanha bateu e se transformou em cascalho
Antes de enterrar seu amigo de infância
Você protestou em vão, mas você está coxo
Sua força minou seu vigor perdido
O tempo em suas mãos é uma gaiola
....
Você procura liberar a maldição oculta
Você recita poesia para os cardumes onde os peixes são
Infelizmente uma metáfora e um mistério
Você canta na Cracolândia
Você dança com uma bailarina, agarrando-a pela cintura
No seu caminho para casa no meio da noite
O vento sussurra, as estrelas olham para baixo
Os galhos tremem, alguns estão gemendo no ar
As correntes cessam, a estrada não é discernível

Você vai parar no esquecimento e mijar momentaneamente
E o calor será liberado, girando o vapor sobe para cima
                              [a partir do solo
Você vai dar um suspiro
Nada é deixado
Você sabe que pecou
Você sabe que seus dias na terra estão contados
Ninguém é honrado
Ninguém é um herói
Ninguém é um criminoso
Ninguém é santo
Ninguém miserável
Nenhum milagre
Ninguém pobre
Ninguém rico
Sem alma
Sem memória
Não mais
Não mais a memória
Nenhum
Nenhuma escapatória
Você rasteja no oceano de lembranças se recusando a fugir
                                      [da prisão
da sua solidão
....
Transportando você para um jardim que murcha antes
                                      [que floresça
Colocando você em uma estação que se torna outono
                                      [antes da primavera
Deitando você em um mundo de tempestades, em um
                            [universo que não pode ser pacificado
Nenhum

Ninguém pode amenizar a amargura de toda a humanidade
Ninguém pode tirar a profunda dor que vive dentro das
   [imagens que estão caindo dentro de seus olhos

Com Lav Diaz e Google Tradutor

Um sonho

Turner: O pensamento é a névoa do sonho?
Shakespeare: Creio que não, ele é apenas o fio de uma teia,
[um grão de areia que cai no mar.
Turner: A luz que atravessa as nuvens, é como a escada de
[Jacó?
Shakespeare: Talvez, ela é estranha como o tempo do
[sonho e como ele uma falsa clareira.
Anjo: Ser e tempo estão separados por esse fio que reluz
[entre a consciência finita e a infinita.
Shakespeare: Meu jovem, você é um ator?
Turner: Das luzes, sim, das luzes arcaicas, que dissolvem
[o tempo. Eis um fiel servidor.
Shakespeare: A senhora das sombras nos chama?
Anjo: Ainda não, temos ainda a imitação do tempo em
[nossas mãos.
Turner: Isto é um sonho?
Anjo: E tudo o mais que na paisagem jaz...
Shakespeare: Me diga seu nome de acordado, meu rapaz,
[aqui os nomes desaparecem diante da essência do não-
[-tempo deste sonho lento.
Turner: Meu nome é névoa, me vejo em tudo, menos na treva.
Shakespeare: Como seu irmão Ruysdael?
Turner: Nenhuma palavra toca em mim, quando entra a
[luz, subindo pela escada do mar até o cais.
Anjo: Sua mente é como um barco embriagado, navegando
[para trás.
Shakespeare: Ao despertar, desse sonho, esquecerás.
Turner: A palavra "tempestade", como uma ordem: jamais!
Anjo: Que cesse esse diálogo, agora acordarás.

Porque o corpo

não nos abandona
na hibernação curta
do sonho

que triunfa
para valer
em nossa morte

pensamos
que ele é divino
mas de dentro
das vísceras
onde se esconde

o anjo
o gato
e o menino
ele sabe
a verdade

Os começos

O de *É isto um homem?*
é a demarcação de um território
imunológico
com validade determinada
pelo tempo de alguns livros
dentro deste

O de *O homem sem qualidades*
é a evocação de um distanciamento
entre o pensar e o existir
cuja duração elide a miséria objetiva
em nome de uma ontologia

O do *Cântico dos cânticos*
converte a imanência em uma metáfora
entre a terceira frase e a quarta

O de *Da sebe ao ser*
guarda o som de uma mão
batendo na porta

O de *The Sick Bag Song*
é a reconstituição de uma partitura
de lágrimas

O do *Grande sertão: veredas*
é um olhar que escutando se arma
em alteridade e fluxossombra

O de *Moby Dick*
inicia uma conversa
infinita com você

Após ouvir uma fala de Ailton Krenak sobre a pandemia

I

Os ossos
arquipélagos
os nervos
florestas
as veias
rios

Os olhos
frestas
sob vales
criados por eles mesmos
cometas moles
que apenas em sonho seguem
até ela

As mãos
estrelas breves
com invertidos campos gravitacionais
o coração
um sol azul
e depois vermelho
a boca
seu farol
o nariz
uma montanha

com duas cavernas
estranhas
por onde entra
a raiz do fogo
o pulmão
um vulcão
que jorra um incêndio
transparente
o cérebro
o oceano
impessoal
onde navegam
os deuses que
formam a alma
e dentro
o silêncio
onde
inicialmente
tudo jaz

II

Como o Leviathan do mar
está para o peixe dourado
tu estás
para esta flor
de lótus
alma que floresce
com calma na lama

informe

enorme

é a distância
entre a quietude
e o silêncio

III

Não está em silêncio
quem está só
na companhia
dos próprios pensamentos
tampouco quem se
aquieta, silencia
uma concha não
guarda silêncio
no ar perolado
de seu interior

nem a pedra
quieta deixa de
gritar
os movimentos
parados
que nosso
olhar
não pode captar

meditação
é quando a
atenção evita
a vertigem
ininteligível
e também
o calmo egoísmo
em sua
gradação mais
suave

silêncio não é
quietude
pois o um é
vazio antes
do zero
que
não se opõe
a coisa alguma
não contém em
si nenhum
pensamento
ou
atitude

a vontade da
matéria:
existir e se
mover

nada tem de silêncio
não o conhece
ninguém
entre os vivos
e só a morte
o retém

paradoxalmente
você e você
podem senti-lo
se ainda
intensamente
vivos
antes do fim
como ela
também
morrem
para si

IV

Si
homônimo da nota
que da sinfonia da matéria
por ser muito baixa
não alcançamos
jamais com o eu se confunde
e dele a cada dia se afasta
a cada pensamento
que no próprio pensar

se enrola
ele se gasta

(Aparição do eu lírico desconstruído pelos fatos)

Em casa
cosmovo-me
até o rio Doce

, *você*

De pé me
lembra Ezra Pound
sentado na cadeira de vime
com seu sorriso interno
para a memória da jaula

Miopia & enigma

É mais fácil
perceber como
a ficção do real
se mistura
ao real fora dela
em *Nomadland*
de Chloé Zhao
do que em
The Bodyguard
de Mick Jackson
A cinebiografia
de Ian Curtis
se chama *Control*
como se fosse
uma advertência
nítida como a luz parada
similar à que
Ezra Pound
entregou para Marianne Moore
a respeito de sua tradução
das *Fábulas*:
"O menor vestígio de mérito
perturba estes frustrados"
Ele disse
Ela compreendeu
Da colaboração
entre poetas
e daquilo que falta
para que o poema triunfe

o sentido maior nos escapa
e sobre a natureza do enigma
que uma obra de arte
evoca, nós discordamos.

Sobre o teatro e a alma

A alma não é individual, nem dualista.
É naturante e imanente.
Não é uma coisa.
É um halo e está sempre nua por baixo das roupas dos
[nomes.
A alma é um fogo de água
azul escuro
em volta da morte
e de seu muro
Só existe uma alma
para tudo o que existe
e esta verdade
só aos raros acalma
A alma é a vontade
das coisas de serem
aquilo que são
através de outras coisas
A alma
não fala
quando
você fala
Ela se move
quando você
ouve
A alma
não é a palavra
transcende o tempo
e os fatos
O teatro dança

em volta da alma
Ela é o ato
e por dentro da imagem
ela age.

Espinosa responde a Deus e ao sr. Cogito dentro de um poema de Zbigniew Herbert

Não quis te alcançar
através das lentes,
a luz o esconde
apesar da cortina
dos corpos
Esta árvore não precisa
das chamas para ser um anjo
nem pode ser confundida com uma porta
para o lugar onde já estamos
Não tenho nenhuma pergunta
que ultrapasse ou elucide os fatos
de vossa potência
Não, é o escuro também
uma gradação de teu esconderijo: a luminescência?
Cessa de habitar a ambiguidade de um supraexistir
e revela-te na recomposição
da memória de todas as coisas
através da nossa,
antes de me dizer
como devo viver.

Que os pássaros cantem dentro do teu sonho*

UMA VOZ: acordei mais cedo por causa do som dos pássaros dentro do meu sonho___ era ela___ a luz entrando devagar dentro dos seus olhos cantou um dos pássaros que se aproximava ferozmente através do Sol, porque tudo é a emanação ainda estava escuro porque meus olhos estavam fechados e por isso estavam abertos no sonho e havia luz mas não era a luz do Sol era outra com um véu vermelho que vemos quando os olhos estão abertamente fechados um dos pássaros como uma nuvem disse que o único modo de ver o mundo sem sair dele é fechar os olhos

OUTRA VOZ: ao abrir os olhos dos dois lados caminhando ao mesmo tempo, eis algo que somente os sonhadores insones são capazes de fazer calmamente por exemplo se eu estiver morto enquanto você vê com rigor estarei com os dois olhos abertos e poderei ver você através dos seus olhos fechados e até aparecer em seu sonho olhando como se atravessasse para desaparecer através da presença invisível desenhada no espaço entre as coisas você aparece agora enquanto estou vendo,

---

* É como uma peça abstrata em que três andróginos conversam daqui a mil anos. Com predominância do dourado e do prateado nas luzes ou vestimentas ou a nudez do impossível.

*Você aparece para mim no momento imaginado
não como um fantasma uma cidade mas como
uma mulher nua ou seja um riacho olhando em
volta etéreo ou um raio de Sol e me levanto da cama
junto com meu corpo que me recebe ele é uma
paisagem que se materializou em volta de um terreno
baldio investigando o entorno*

*A TERCEIRA VOZ: me levanto como um rio soterrado
em um animal___ meu corpo se funde com o voo imóvel
do pássaro da eternidade que todos julgavam morto*

*UMA VOZ: havia deixado a casa escura, você estava com
uma nuvem no rosto isso também significava um luto
pela humanidade como se estivesse a anos-luz a presença
que evoca a alteridade é sobrenatural como a do
pó flutuando na luz acima da minha cabeça
Uma auréola de luz criada em parte por nossos olhos
a luz e a água são os indícios do falso despertar o
sono liberou para sempre a nuvem de gás de sonho
que se misturou com o que chamamos de realidade*

*A TERCEIRA VOZ: meus olhos são um centro sem centro
se aproxima com uma pergunta as luzes partilham conosco
a materialidade de uma miragem complexa o dinheiro
aqui e agora o polo Norte e o Sul e a Antártida sem
o dinheiro preciso me concentrar neste momento e
não no próximo nada de arranjo nada de esquema
é impossível se lembrar do agora ele é como uma
estrela negra seu rosto se vira para a esquerda e para
a direita procurando algo suspeito caminhar resulta
na partilha e na criação de uma dimensão paralela*

*O SEGUNDO CORPO: quando fixamos os olhos no Sol,
a realidade se converte por instantes em uma mancha
somos tomados pelo êxtase violento da cegueira provisória
os objetos nos quais fixamos os olhos logo depois
são possuídos por esta mancha que é um fantasma
do Sol um tremor em seu temor estávamos sendo
vigiados de dentro para fora por uma espécie de
polícia absoluta os movimentos do ser para além da
esfera estavam sendo gravados pelo satélite do anjo
policial que é do tamanho de uma célula amanhã*

*UMA VOZ: o corpo é uma zona intermediária entre
o sonho visível e o sonho transparente começa com o
corpo de sonho que se transfigura lentamente em corpo
desperto e depois em corpo transparente, precisamos
ficar invisíveis agora isso soa como uma ordem
uma coisa é o pensamento outra é a consciência do
pensamento o corpo resiste a ser pensado porque
não se pode fingir o êxtase*

*A TERCEIRA VOZ: todos agem como agentes duplos para
criar o esquecimento, principalmente do pensamento
ela diz enquanto cria um mundo sem mundo como
uma estratégia para entrar dentro do orvalho aquilo
que chamamos sem saber realmente o que é como
hiperausência ou morrer o que pode ser confundido
com essa queda que é como a sensação do sonho*

*UMA VOZ: você não consegue ligar estes pontos entre
o presente e os diversos tempos que existem do lado de
dentro do corpo porque na verdade você não está lendo
mas costurando conexões entre a lógica do sonho e a*

realidade esta esfinge que de dentro das suas células
prepara a pergunta da sua vida: você está preparado-
-preparada para morrer

OUTRA VOZ: ela pergunta enquanto você
dois dias antes de nascer queima no Sol do oxigênio
depois você será o deserto o amor não vive da ciência
mas dorme na primeira aproximação entre
estrelas do mar e as outras___ solitário cantando
entre os pássaros ele no fundo dos rios soterrados
possui as chaves para outro tempo e outra cidade
que seriam como a transcendência dos povos em geral
soterrados em uma pilha de ossos as estrelas

UMA VOZ: associaremos a selvageria com a realidade
em estado bruto ou seja com um éthos ficcional em que a
tropa aponta todas as armas na sua direção e você
finalmente nasce você é uma multidão de 10 milhões
de velhos de crianças e de mulheres com a cabeça
raspada

OUTRA VOZ: entusiasmo é a condição inicial da riqueza
ontológica é o dentro dentro do dentro ou o próprio ente
timorístico a primeira coisa que notei foi o olhar de
alheamento dos brasileiros caminhando como se não
existissem no presente.

A TERCEIRA VOZ: havia o desejo de unir a eudemonia e
o hedonismo em um processo semelhante ao que une a água
e o corpo humano havia a vontade de unir todos os eus
com a tessitura da única alma que existe espalhada
por toda parte indomável inominável e sem forma

*havia a árvore dentro do peixe dentro do pássaro
dentro do feto havia o nascimento do fogo dentro
da água dentro da nuvem dentro do sangue havia a
quarta pessoa do singular dentro da terceira pessoa
do singular havia algo que o evento não podia fixar
como parte do real que agora percebemos ser um
sonho onde éramos a paisagem e não aquilo que
parecia conter uma separação entre você e ela*

UMA VOZ: *o que se abre para que a eternidade se desfaça
em uma forma de real anterior invisível para teus
olhos em ti enterrado como este ouro como um copo
d'água no fundo do oceano assim será teu coração
após a última batida a seu modo tua vida já é uma
resposta os pássaros da eternidade estão pousados
fora do teu nome e disse a onda para a espuma Vai e
canta o nome deste-desta que está lendo para a areia
e a espuma respondeu: Quando as primeiras notas
do canto tocarem minha língua, eu serei a areia e o
oceano ao ouvir o que disse a areia erga suas asas
para que os pássaros cantem dentro de teu sonho*

OUTRA VOZ: *não apenas no enquadramento afetivo das
imagens não apenas na tentativa de unir exterior e
interior costurados pelas imagens dentro desta pequena
pausa criada por seu olhar não apenas na tua vida
dissipando todos os símbolos não apenas nos mortos
que estão passando por ti fora do tempo não apenas
no deserto de Dogon não apenas nos campos da
Palestina não apenas na Vila Elisabete em Cubatão
não apenas na Cracolândia não apenas nas geleiras
da Amazônia*

A TERCEIRA VOZ: o silêncio que não é invisível nos sonhos não é como essa capa transparente em volta do seu nome ninguém percebe olhos tentando sinalizar para os ossos a senha através do sonho e o sorvete de carne se perdendo no silêncio de tudo o que não existe e precisamente por isso é mais real do que você e eu.

UMA VOZ: você está aqui

OUTRA VOZ: diante do desejo triunfante dos mortos

A TERCEIRA VOZ: criando este momento de vida que dentro do infinito: avança

O sorriso de Jalāl ad-Din Rūmī

Eu sou uma canção
chamada ARIEL

Uma canção foi o que sobrou do seu corpo

disse o oceano

✳

Não tenha medo

Os relâmpagos
são a origem
das raízes

A resposta
é a luz do Sol

trazendo a insônia diurna da flor

O esqueleto das estrelas
dorme dentro da mão:
destino dos esquecidos sonhos

✳

Não tem nome?
Perguntaram todos
Essa cala-se
enquanto a noite passa

✳

Quando era criança
a noite e o dia
eram duas coisas distintas
hoje parecem ser uma coisa só

✳

Ou o tempo ou a vida
Sem triunfo
resplandecem
no silêncio
as formas
são estados de comunicação
entre você e a matéria

✳

No instante pleno
na suspensão
do ato
és e não és

✳

A energia
da contemplação
imita
a do silêncio
como a da foto
congela o fato
e a do filme
o sonho

✳

Língua
e olho
primos
por isso
a palavra
ajuda
a ver
no escuro
o verdadeiro
ouro

✳

Mesmo esta
silenciosa
leitura é ambivalente
e em alta
voz e
ajuda a face
a ser outra

✳

Depois dela
os nomes
ficam
As fronteiras
saem

✳

Subir
pelo inferno
descer
pelo céu
atravessar
o túnel
dos dias

até que
as nuvens
que somos
desapareçam

✷

Como
a ave
do Paraíso:
voar
com três asas
gaiola e tudo
por cima
do mar

✷

O verbo
carne
da luz
O espírito
pó
das palavras
Nada
retorna

✴

Amar
os mortos
através
da floresta
de sonhos
e os vivos
como o Sal
ama
o mar
Tudo ressurgirá

✴

Sair
da frente
da vida
para que ela
possa viver

✴

É o coração
da vida
se você
está
à espera
de ninguém

✳

A mente
nunca dormiu
A alma
jamais pensou
A vida
nunca viveu
Floresça
Ó dissolução de tudo em tudo
que engendra o nascimento
do amor supremo

✳

Não há
tempo
algum
em lugar
nenhum

✳

Qual a palavra
que significa
o contrário
de suicídio?
Ressurreição

✳

És uma árvore
quando
sonha,
uma semente
quando
acorda

✳

A educação
pelo ciclone
A sabedoria
pela brisa
A fome de ferocidade

✳

O espelho
imitava
o silêncio

✳

O Sol,
o projetor.

Os planetas,
o filme.

✳

A sociedade
das fagulhas
anuncia
as auras
da terra

✳

Na extinção
o olhar-asa
que canta
o espectro e a árvore
embriaguez do inexistido
que no rosto arde
"pétalas de ninguém"
que no Sol
se abrem
para que
você entre

Os sistemas

1.

Alguns sistemas são símiles de um desejo de entropia que não podemos confundir com a harmonia que se esconde nos infinitos modos do caos se apresentar ou seja no ultravivo, que aparece para nós pelo arquitópos chamado **floresta** que começa aqui e se expande para o supratópos **galáxias, matéria escura, céus**
Há sistemas que com seus jogos terminológicos culminam na magia intuitiva **da técnica.** Meu alvo são os sistemas de captura & reorganização de **antimundos**: o sistema econômico e seus derivados: o sistema cultural, o sistema literário, o sistema político e o sistema religioso. **topografias abstratas e anedóticas do acaso**

As chamadas sociedades primitivas "não desperdiçam sua energia em desigualdades entremeadas no tecido social" (Stanley Diamon, *In Search of the Primitive: A Critique of Civilization*. New Brunswick: Transaction Books, 1974, p. 136)

2.

Falemos então destes sistemas como **sistemas entrópicos produtores de desigualdade**, que produzem ciclicamente suas próprias crises como forma de se atualizar em camadas convergentes pós-sistêmicas que se movem em ondas. Obviamente são sistemas de horizontalidade centralizante e paradoxalmente fragmentária que são atravessados por **forças verticais dos sistemas não-entrópicos que operam de modo selvático ou seja como energias do inconsciente impessoal** seja o das línguas primordiais e suas terminologias para além da captura, sistemas linguísticos da borda que são a estratégia sinérgica de máquinas mágico-poéticas como GRANDESERTÃO:VEREDAS ou ULYSSES ou AILÍADA. Trataremos da composição/recomposição genética destas operações de revolta logo mais no corpo coletivo onde iremos tratar diretamente da resselvagização dos sistemas.

3.

Jalāl ad-Din Rūmī girando em Roraimã
A paisagem também está dançando
Respirar é a origem-forma da dança
A contingência de uma imanência exige isso
é um compromisso atender a esse chamado do corpo
E a condição para atender a esse chamado talvez esteja
                               [na frase de Llansol:
"O corpo está vazio e a alma está no exterior do corpo.
Voltei à minha solidão natal que não quer dizer mundo
                                       [despovoado".
Isso indica que o corpo se expande
para poder comunicar o nascimento do mundo
Comunicação que é um encontro e uma forma de atender
                                    [a esse chamado
do vazio como fonte.

"Os signos e símbolos que o poeta usa constituem uma
[das provas mais seguras de que a linguagem é um meio
[de lidar com o inexprimível e o insondável."
disse Henry Miller na hora dos assassinos
e Franz Weissmann completa:
"O vazio foi sempre o centro de tudo o que faço, o vazio
[ativo e não o vazio morto. O vazio é ativo em relação
[ao conjunto de elementos que ele tem".
O elemento mais intensivo que emana do vazio surge
[quando a paisagem de dentro, o deserto, o lago e a
[floresta revelam a dança
e a dança diz as cintilações do vazio dentro do Sol.

— *Não há nenhum sistema ao meu redor.*

Cosmograma 8

Eles eram como nuvens
de sangue
dentro do sonho
Havia uma tela no início
e ele estava perto de desertar
do sonho para o infinito efêmero
das imagens fixas
que escondiam algo
ele havia sonhado
que era uma bala perdida
e acertaria seu próprio coração
dez anos depois
como num conto
argentino
ou tcheco
havia um padrão
dentro do sonho
criado pela impossibilidade
de ver a si mesmo
ele era
como um pássaro
transparente
voando
na direção
de um céu
de carne
com ossos
no lugar
de estrelas

a bala havia
perfurado
seu tórax
ele ouviu
o enfermeiro
cantar
essa ária
para o médico
de plantão
à medida
que a morte
se aproximava
ele ia se esquecendo
do seu próprio nome
e desertando de dentro
do sonho
o fundo branco
das paredes
mudava
para prateado
de acordo
com a intensidade
do som
de um oceano
cada vez mais perto
perfurando seu pulmão
ele ouviu sua voz
misturada
com a voz de
seu avô
dizer a fumaça
oceânica

havia
duas águas-vivas
grudadas nos seus braços
e uma arraia
no teto
flutuando
por cima
de seu corpo
dela
saíam
orquídeas
vermelhas
que ficavam
paradas no ar
estas flores
são o tempo
ele se ouviu dizer
e depois
acordou novamente *no escuro*
dentro da água.

A água veio do Sol,
disse o breu

e não houve mais dor e morte

Victor Heringer conversa com Ana C.

Não é apenas
o peso irônico
do esvaziamento
o fruto envenenado
da lucidez
como a maçã
da fábula
é também a sensação
de uma vida ficcional
menos real do que ela
Vidro entre o corpo
e a vida
e o entreabismo
das paixões
também trincado
pela pulsão
da dissolução
Nenhuma conexão
com a rede interna
diz o meu celular

A única hora
livre é
a do banho
a hora livre
entrelaçada
à não livre
se expandindo

até preencher
com um gesto o
espaço
entre
o banheiro
o corredor
e a janela

Os cinco fantasmas da Paulista*

1. Carlos

Meu nome é Carlos Marighella
morri de Brasil em algum lugar da Alameda Casa Branca
o tempo e o espaço se fundem de vez
quando você morre
minha morte pelo que posso averiguar
subindo e descendo todas as ruas
foi inútil
depois de mim
mais de setecentos mil
morreram de Brasil
e vocês não fizeram nada
são mais fantasmas do que eu

2. Greeting man

Sou o fantasma siamês
do surfista prateado
(podem rir)
me curvo
em agradecimento
ao míssil
invisível
das mutações climáticas

---

* Escrito especialmente para o projeto de literatura itinerante do Sesc Avenida Paulista.

me curvo
em agradecimento
aos mortos

3. *Santa Catarina*

Essa espada
atravessando
a bíblia
cortará
a cabeça
de bilhões
que apesar
disso
permanecerão
vivos
me olhando
do outro lado
do fogo
como num pesadelo
incapazes
de um pensamento
sublime

4. *O outro*

Ninguém vai se esquecer
de mim
por causa dele
do meu duplo

na memória sem eu
das canções
Eu era mais amado
que o cafona do Elvis
há centenas de Elvis
mas só existe um
Tim Maia da Paulista
Às vezes alguém passa
cantando
Me dê motivo
quase chorando
arrastando uma carroça
e eu atravesso
essa pessoa
e ela fica
doidona
iluminada
Tá ligado...

5. *O fogo*

Se fecharem
os olhos
vocês poderão
imaginar
como sou
Eu sou o fogo
que converteu
esse prédio
em uma obra de arte
depois de incendiar

o Joelma
e o Museu Nacional
decidi ser justo
e destruir
o prédio da Fiesp.

O ato e a voz

Eu sou
Clementina de Jesus
Não adianta
me botar
na cruz

Eu sou
Monsueto
Não queira
me colocar
no gueto

Eu sou
Dona Ivone Lara
Vou jogar no lixo
seu pau de arara

Eu sou
Cartola
Não quero
resto de comida
nem esmola

Eu sou
Nelson Cavaquinho
Tire sua tropa de choque
do meu caminho

Eu sou
João da Baiana

Você me deve
muita grana

Eu sou
o Zé Keti
Minha alma
acha ouro
na lama

Eu sou
João Gilberto
A força devastadora
de um mundo
quieto

Eu sou
Ederaldo Gentil
Uma fúria
que não é sutil

Eu sou
Elza Soares
Sorrindo
quando
tudo for
pelos ares

Eu sou o samba
Eu sou a beleza
do "Nunca mais"

O *tremor essencial da matéria escura*
aforismos

É inútil tentar dissolver com gritos um círculo de névoa.

Não há santidade em um rosto que não se move com
                    [doçura na direção de outro rosto.

O ódio não tem razão, o amor não precisa ter.

O espelho é um sonho congelado.

As abelhas são respeitadas não por causa do mel, mas
                                [do ferrão.

É preciso escolher entre seguir as marcas ou os sinais.

O que não for projeção, é alteridade.

É impossível empalhar o voo do pássaro.

As palavras são limitadas por nosso desejo de ver.

A alma não é individual, nem dualista. É naturante e
            [imanente. Não é uma coisa. É um halo.

Por baixo da capa dos nomes, a alma está sempre nua.

Por dentro da pele, um híbrido de planta, pássaro, nuvem
                                                    [e cão.

Uma gargalhada equivale a dez mil orações.

Só existe vazio onde não há imaginação.

A poesia está ao mesmo tempo acima e embaixo de tudo.

O sonho altera o passado e torna antigo o presente.

O que nos mantém vivos é como a sensação de ter
            [deixado uma vela acesa ou uma porta aberta.

Tradição é o oposto de tradução.

A floresta está em toda parte desde que possamos sentir
                                [que ela está dentro de nós.

A distância entre nossa *BIOS* e nossa Bio é a mesma que existe entre a Terra e o Sol.

E se a iluminação for um levíssimo espectro autista?

Os círculos na água do tempo são criados pela pedra que
[ao tocar na água se torna água.

O sentido da coerência é a aceitação da diferença.

No fundo do mar

Podemos pressentir
uma grande onda
vai surgir

Uma chuva
que não vai parar

O céu vai cair
e ninguém vai acordar

Todas as armas
no fundo do mar
Todos os relógios
no fundo do mar
Todas as igrejas
no fundo do mar
Todos os palácios
Todos os celulares
Todas as cidades

No fundo
do mar...

Como Ísis

Para o Dylanesco F.C.

É o país de João Gilberto
digo para mim mesmo
É verdade que vamos tocar
depois do Bon Jovi?
Tony diz
Nuvens são sonhos
sem sono
com nuvens

Um estádio vazio
é minha ideia do sagrado
George também está em São Paulo.
Alguém falou
João Gilberto tem a mesma
intensidade de Jack Kerouac
O silêncio no lugar
da estrada

Vamos tocar "Like a Rolling Stone"
no mesmo ritmo de "Born to Be Wild"
Ótimo
Morumbi significa
"Colina Verde"
Nenhum negro hospedado no Hotel
Entro em uma livraria
e pergunto por
César Vallejo

Ninguém me reconhece
Hotéis não têm biblioteca
No momento não...
A atendente da livraria
interrompe a frase
e me olha nos olhos
agradeço e saio rápido
Deve ter me reconhecido

*Há muita banalidade
em uma visão espiritual do mundo*
Sam me diz pelo telefone
Os shows são como uma missa em uma igreja pegando
[fogo
onde você toca para o fogo
respondo

*Pena que não conseguimos
Billy Preston para esta turnê*
Le Tourne é uma comuna da França
digo, ninguém ri

Vou caminhar pela rua Augusta
Entro em um saloon
com luz vermelha, strippers
e peço uma tequila
Não olham para mim
Não se importam
É como um quadro de Hopper
Uma garota se senta ao meu lado
e sorri
não olha diretamente para mim

mas seus olhos me atravessam
Sorrio de volta
Qual seu nome, gringo?
Ela tem uma voz suave e triste
se parece com uma deusa egípcia
Bob Dylan, respondo pela primeira vez
em décadas.
Me paga um whisky?
Ela sussurra

Annie Lennox está no camarim
Entro e ela me dá um copo d'água
Todos estão sorrindo
Como Ísis.

O *último pensamento de* Virginia Woolf

O véu insistente

e se ao fecharmos os olhos, o azul e não o vermelho fosse
 [o regente de nossas visões, um céu como um véu
 [insistente dentro da carne e não o mar de sangue
 [sonhando com a dissolução da nossa consciência
 [através da redenção

a noite é azul e prateada e sua luz é a fonte de todos os
 [sonhos, a ambiguidade do sonho é nossa esquecida
 [redenção

É fácil associar o amor ao ato de morrer?

O véu é a esfinge e a esfinge é o véu.

ÍNDICE EM ORDEM ALFABÉTICA DOS TÍTULOS DOS POEMAS

, você, 103
10 aforismos para Franco Bifo Berardi acrescidos de dois comentários em verso, 73
A educação celeste do gatopássaroárvore, 24
A fera, 55
A oitava asa de Michael Jackson, 20
A vitória de Heba Abu Nada, 35
Antiprece, 69
Após ouvir uma fala de Ailton Krenak sobre a pandemia, 97
Bad seed, 33
Björk, "Like Someone in Love", 54
Blues para ele mesmo, 61
Carl Sagan visita o túmulo de Hölderlin, 81
Claudio Ulpiano fumando um cigarro no meio do oceano, 67
Como Ísis, 142
Como ser o negro ou a matéria escura II, 77
Conversa com Emily Dickinson, 68
Cosmograma 8, 127
Cruz (da dissolução), 59
Dao De Jing, 18
Desde que você a veja, 82
Dessonho, 63

Du scribe égyptien, 76
Espinosa para crianças, 84
Espinosa responde a Deus e ao sr. Cogito dentro de um poema de Zbigniew Herbert, 108
Evandro Carlos Jardim, 80
João Vário conversa com Francisco Carlos, 27
Lágrimas marciais — rios, 58
Max de Castro, "Stratosfera", 53
Meditação sobre a língua portuguesa escrita no futuro, 47
Metagenealogia, 13
Miopia & enigma, 104
Nascer é um incêndio ao contrário, 36
No fundo do mar, 141
O ato e a voz, 136
O sagrado transparente, 57
O sorriso de Jalāl ad-Din Rūmī, 115
O tremor essencial da matéria escura, 138
O último pensamento de Virginia Woolf, 145
Os cinco fantasmas da Paulista, 132
Os começos, 95
Os sistemas, 124
PARAATICCA, 42
Photomaton Davi Kopenawa, 45

Photomaton de si mesmo daqui a mil anos, 39
Photomaton Óssip Mandelstam, 46
Photomaton Vicente Franz Cecim, 40
Poema duplo com pássaro noturno, 86
Poema duplo com poeta apontando uma arma para o sol, 88
Porque o corpo, 94
Primeira classe — vagas, 29
Que os pássaros cantem dentro do teu sonho, 109
Queimar, 51
Ricardo Aleixo, 66
Samba para Rimbaud, 64
Se, 60
Sobre abril de 2021 com o pensamento em julho de 2040, 15
Sobre o teatro e a alma, 106
Um outro Sol, 75
Um sonho, 93
Victor Heringer conversa com Ana C., 130

Copyright © 2024 Marcelo Ariel

Todos os direitos reservados. Nenhuma parte desta obra pode ser reproduzida, arquivada ou transmitida de nenhuma forma ou por nenhum meio sem a permissão expressa e por escrito da Editora Fósforo.

DIREÇÃO EDITORIAL Fernanda Diamant e Rita Mattar
COORDENAÇÃO DA COLEÇÃO E EDIÇÃO Tarso de Melo
COORDENAÇÃO EDITORIAL Juliana de A. Rodrigues
ASSISTENTE EDITORIAL Millena Machado
PREPARAÇÃO Viviane Nogueira
REVISÃO Eduardo Russo
DIRETORA DE ARTE Julia Monteiro
PROJETO GRÁFICO Alles Blau
EDITORAÇÃO ELETRÔNICA Página Viva

A marca FSC® é a garantia de que a madeira utilizada na fabricação do papel deste livro provém de florestas gerenciadas de maneira ambientalmente correta, socialmente justa e economicamente viável e de outras fontes de origem controlada.

Dados Internacionais de Catalogação na Publicação (CIP)
(Câmara Brasileira do Livro, SP, Brasil)

Ariel, Marcelo
  A água veio do Sol, disse o breu / Marcelo Ariel. — São Paulo : Círculo de Poemas, 2024.

  ISBN: 978-65-84574-98-4

  1. Poesia brasileira I. Título.

24-204418   CDD — B869.1

Índice para catálogo sistemático:
1. Poesia : Literatura brasileira   B869.1

Cibele Maria Dias — Bibliotecária — CRB-8/9427

circulodepoemas.com.br
fosforoeditora.com.br

Editora Fósforo
Rua 24 de Maio, 270/276, 10º andar
01041-001 — São Paulo/SP — Brasil

Que tal apoiar o Círculo e receber poesia em casa?

O que é o Círculo de Poemas? É uma coleção que nasceu da parceria entre as editoras Fósforo e Luna Parque e de um desejo compartilhado de contribuir para a circulação de publicações de poesia, com um catálogo diverso e variado, que inclui clássicos modernos inéditos no Brasil, resgates e obras reunidas de grandes poetas, novas vozes da poesia nacional e estrangeira e poemas escritos especialmente para a coleção — as charmosas plaquetes. A partir de 2024, as plaquetes passam também a receber textos em outros formatos, como ensaios e entrevistas, a fim de ampliar a coleção com informações e reflexões importantes sobre a poesia.

Como funciona? Para viabilizar a empreitada, o Círculo optou pelo modelo de clube de assinaturas, que funciona como uma pré-venda continuada: ao se tornarem assinantes, os leitores recebem em casa (com antecedência de um mês em relação às livrarias) um livro e uma plaquete e ajudam a manter viva uma coleção pensada com muito carinho.

Para quem gosta de poesia, ou quer começar a ler mais, é um ótimo caminho. E para quem conhece alguém que goste, uma assinatura é um belo presente.

CÍRCULO DE POEMAS

LIVROS

1. **Dia garimpo.** Julieta Barbara.
2. **Poemas reunidos.** Miriam Alves.
3. **Dança para cavalos.** Ana Estaregui.
4. **História(s) do cinema.** Jean-Luc Godard (trad. Zéfere).
5. **A água é uma máquina do tempo.** Aline Motta.
6. **Ondula, savana branca.** Ruy Duarte de Carvalho.
7. **rio pequeno. floresta.**
8. **Poema de amor pós-colonial.** Natalie Diaz (trad. Rubens Akira Kuana).
9. **Labor de sondar [1977-2022].** Lu Menezes.
10. **O fato e a coisa.** Torquato Neto.
11. **Garotas em tempos suspensos.** Tamara Kamenszain (trad. Paloma Vidal).
12. **A previsão do tempo para navios.** Rob Packer.
13. **PRETOVÍRGULA.** Lucas Litrento.
14. **A morte também aprecia o jazz.** Edimilson de Almeida Pereira.
15. **Holograma.** Mariana Godoy.
16. **A tradição.** Jericho Brown (trad. Stephanie Borges).
17. **Sequências.** Júlio Castañon Guimarães.
18. **Uma volta pela lagoa.** Juliana Krapp.
19. **Tradução da estrada.** Laura Wittner (trad. Estela Rosa e Luciana di Leone).
20. **Paterson.** William Carlos Williams (trad. Ricardo Rizzo).
21. **Poesia reunida.** Donizete Galvão.
22. **Ellis Island.** Georges Perec (trad. Vinícius Carneiro e Mathilde Moaty).
23. **A costureira descuidada.** Tjawangwa Dema (trad. floresta).
24. **Abrir a boca da cobra.** Sofia Mariutti.
25. **Poesia 1969-2021.** Duda Machado.
26. **Cantos à beira-mar e outros poemas.** Maria Firmina dos Reis.
27. **Poema do desaparecimento.** Laura Liuzzi.
28. **Cancioneiro geral [1962-2023].** José Carlos Capinan.
29. **Geografia íntima do deserto.** Micheliny Verunschk.
30. **Quadril & Queda.** Bianca Gonçalves.

PLAQUETES

1. **Macala.** Luciany Aparecida.
2. **As três Marias no túmulo de Jan Van Eyck.** Marcelo Ariel.
3. **Brincadeira de correr.** Marcella Faria.
4. **Robert Cornelius, fabricante de lâmpadas, vê alguém.** Carlos Augusto Lima.
5. **Diquixi.** Edimilson de Almeida Pereira.
6. **Goya, a linha de sutura.** Vilma Arêas.
7. **Rastros.** Prisca Agustoni.
8. **A viva.** Marcos Siscar.
9. **O pai do artista.** Daniel Arelli.
10. **A vida dos espectros.** Franklin Alves Dassie.
11. **Grumixamas e jaboticabas.** Viviane Nogueira.
12. **Rir até os ossos.** Eduardo Jorge.
13. **São Sebastião das Três Orelhas.** Fabrício Corsaletti.
14. **Takimadalar, as ilhas invisíveis.** Socorro Acioli.
15. **Braxília não-lugar.** Nicolas Behr.
16. **Brasil, uma trégua.** Regina Azevedo.
17. **O mapa de casa.** Jorge Augusto.
18. **Era uma vez no Atlântico Norte.** Cesare Rodrigues.
19. **De uma a outra ilha.** Ana Martins Marques.
20. **O mapa do céu na terra.** Carla Miguelote.
21. **A ilha das afeições.** Patrícia Lino.
22. **Sal de fruta.** Bruna Beber.
23. **Arô Boboi!** Miriam Alves.
24. **Vida e obra.** Vinicius Calderoni.
25. **Mistura adúltera de tudo.** Renan Nuernberger.
26. **Cardumes de borboletas: quatro poetas brasileiras.** Ana Rüsche e Lubi Prates (orgs.).
27. **A superfície dos dias.** Luiza Leite.
28. **cova profunda é a boca das mulheres estranhas.** Mar Becker.
29. **Ranho e sanha.** Guilherme Gontijo Flores.
30. **Palavra nenhuma.** Lilian Sais.

**CÍRCULO
DE POEMAS**

Este livro foi composto em GT Alpina e
GT Flexa e impresso pela gráfica Ipsis
em maio de 2024. Sair da frente da vida
para que ela possa viver.